글 김은하

한국과 영국에서 교육학을 공부했다. 책과교육연구소 대표로, 책으로 사람들 사이를 잇는 강의와 연구, 프로젝트를 하며 신나게 지낸다. 《독서교육, 어떻게 할까?》, 《처음 시작하는 독서동아리》 등을 썼다.
'세계인권선언'을 지금, 여기로 데려와 나의 선언으로 다시 썼다. 더 넓고 다양해진 인권의 내용을 담았다. 날마다 다짐하듯 소리 내어 읽는다. 말한 만큼 살아 보려고 애쓰지만 실수투성이다. 그만큼 자주 깨닫고 고쳐 나가는 사람이 되고 싶다. 불쌍히 여기기보다 존엄하게 여기는 법을 오늘도 배우는 중이다.

그림 윤예지

일상을 상상으로 엮어 그림을 그리는 일러스트레이터. 출판, 포스터, 광고 등 다양한 분야에서 여러 국적의 클라이언트들과 작업하고 있다. 《산책 가자》라는 그림책을 만들었고, 《마당을 나온 암탉》 20주년 특별판에 그림을 그렸다. 기후위기, 동물권, 인권 등 좀 더 나은 세상을 위한 실천에도 관심이 많아 그림으로 메시지를 전하는 방법을 탐구 중이다. 해마다 동물권 행동 카라와 서울동물영화제 포스터 작업을 하고 있고, 국제앰네스티 한국지부와도 계속 작업하고 있다.
《존엄을 외쳐요-함께 만드는 세계인권선언》은 모든 인류 구성원의 존엄과 권리에 대한 '세계인권선언' 30개 조항을 국제앰네스티와 함께 작업한 다음, 더 발전시켜 세상 모든 존재의 존엄을 전하고자 한 그림책이다.

국제앰네스티는 모든 사람이 세계인권선언을 포함한 국제인권기준에 명시된 모든 인권을 누리는 세상을 위해 국적, 인종, 종교를 초월해 활동하는 세계 최대의 인권 단체이다. 윤예지 작가와 협업한 '존엄캠페인- 존엄을 외치다'는 2021년 국제앰네스티 창립 60주년을 맞아 국제앰네스티 한국지부가 세계인권선언을 대중에게 알리고자 기획한 것이다.

*   이 책의 판매 수익금 중 일부는 국제앰네스티 인권 활동에 사용합니다.

존엄을 외쳐요

함께 만드는
세계인권선언

김은하 글 윤예지 그림

존엄을 외쳐요

사계절

내가 존엄한 존재라는 걸 난 가끔 잊어요.
누군가 함부로 나의 존엄을 무너뜨리는데도 알아채지 못해요.

존엄은
너와 내가 이 세상에 오직 하나뿐이고
감히 누구와도 그 무엇으로도 바꿀 수 없이
소중하다는 마음이에요.

나의 존엄은 남의 존엄과 이어져 있어요.

'어쩔 수 없잖아.'
'나만 아니면 돼.'

이러면 모두의 존엄이 무너져요.

나는 이 악순환을 끊을 거예요.
존엄하게 산다는 감각이 무엇인지 찾아내고 살려 낼 거예요.

이게 그 시작이에요.

세계인권선언.

1

우리는 모두 자유롭고,
똑같은 존엄과 권리를 가져요.
그래서 우리는 서로 소중하게 여기고
연대해야 해요.

2

피부색이 달라도, 성별이 달라도
종교, 언어, 국적이 달라도
가난하건 부자건, 지위나 신념이 다를지라도
우리는 차별받지 않아야 해요.

3

나는 생명을 존중받으며 자유롭게,
안전하게 살아갈 권리가 있어요.
여러분도 마찬가지예요.

4

어느 누구도 나를 노예로 만들 수 없어요.
내 몸과 마음의 주인은 나예요.

5

고문은 절대 안 돼요.
어떤 인간도, 어떤 동물도, 어떤 식물도,
이 세상 모든 존재는
잔인하고 모욕적인 괴롭힘이나 처벌을 받아서는 안 돼요.

존엄에 예외는 없어요.

6

누구나 법의 보호를 받을 권리가 있어요.
어린이든 어른이든, 장애가 있건 없건,
피부색에 상관없이 말이지요.

7

우리는 모두 법 앞에서 평등해요.
법은 모든 사람에게 공정하게 적용되어야 해요.
누군 부자라고, 누군 가난하다고,
인종과 국적이 다르다고,
법을 다르게 집행하면 안 돼요.

8

우리는 모두 태어날 때부터 기본권을 보장받아요.
기본권을 침해당하면 어떻게 해야 하냐고요?
당연히 법의 도움으로 피해를 보상받아야지요.

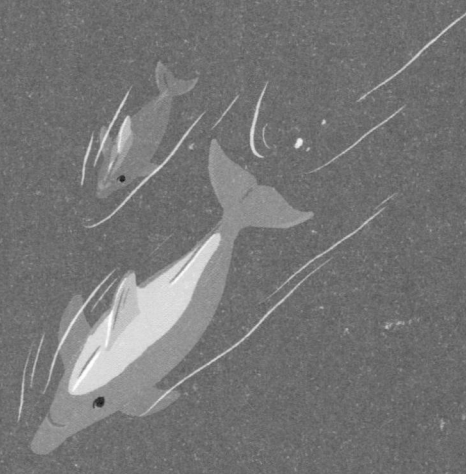

9

어느 누구도 함부로 나를 체포하거나
감옥에 가둘 수 없어요.
다른 나라로 추방할 수도 없어요.
여러분도 마찬가지예요.

우리는 모두 존엄해요.

10

모든 사람은 공정하고 공개적인 재판을 받을 자격이 있어요.
일방적으로 어느 한쪽을 편들지 않는 독립적인 법정에서요.

11

공정한 재판으로 유죄가 결정되기 전까지는
누구도 죄인이 아니에요.
누구나 자신을 변호할 권리가 있어요.
소문으로 누군가를 죄인으로 몰면 안 돼요.

모두가 똑같이 존엄해요.

12

우리는 사생활의 비밀을 가질 권리가 있어요.
남이 공개하고 싶지 않은 글이나 사진, 영상을
허락 없이 보거나 퍼뜨리면 안 돼요.

13

우리는 자기 나라 안에서 원하는 곳에 살고,
자유롭게 돌아다닐 권리가 있어요.
다른 나라를 여행할 자유도 있어요.

14

누가 봐도 나쁜 일을 저지른 사람이 아니라면,
괴롭힘을 피해 다른 나라로 피난처를 구할 권리가 있어요.
자기 나라의 불의에 대항해서
용기를 낸 사람들은 보호받아야 해요.
그들을 함부로 처벌할 수 없도록요.

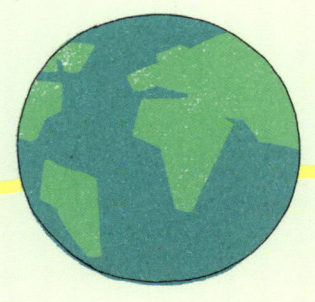

15

우리는 누구나 한 나라의 국민이 될 권리가 있어요.
함부로 국적을 뺏어 내쫓을 수 없어요.

16

누구나 스스로 배우자를
선택해서 결혼할 권리가 있어요.
결혼하지 않을 권리도 있고요.
결혼 생활을 할 때도, 헤어질 때도
둘은 동등한 권리를 가져요.

17

누구나 자신의 재산을 가질 권리가 있어요.
다른 사람과 재산을 함께 나눌 수도 있어요.
힘이 있다고 남의 것을 마구 빼앗을 수 없어요.

18

나는 자유롭게 생각하고,
양심대로 판단할 수 있어요.
종교 또한 스스로 선택할 권리가 있어요.
내 생각과 양심, 믿음을
남에게 맡기지 않을 거예요.

19

누구나 자기의 의견을 말하고 쓰고 나눌 권리가 있어요.
다른 의견을 가졌다는 이유로
따돌림이나 공격을 받아서는 안 돼요.

20

우리는 존엄을 지키기 위한 모임을 만들 권리가 있어요.
평화롭게 집회를 하고, 모임에서 결정한 의견을 함께 외칠 수 있어요.
누구도 억지로 우리의 모임을 깨서는 안 돼요.

21

우리는 민주 국가의 주인이에요.
나는 다른 시민들과 함께 정치에 참여할 수 있어요.
선거로 대표를 뽑거나, 대표가 될 수도 있지요.
모든 사람이 한 표씩 투표할 수 있어요.
투표의 내용은 비밀이에요.

22

누구나 인간으로서 존엄한 생활을 누릴 권리가 있어요.
나라마다 사정이 달라도, 계속 나아가야 해요.
모든 사람이 경제·사회·문화적으로
존중받는 사회가 되도록 말이에요.

나는 다른 나라 사람의 존엄을 위해서도 외칠 거예요.
'우리나라도 아닌데' 하며, 고개 돌리지 않을 거예요.
지구 위의 모든 생명은 존엄하게 살 권리가 있어요.

우리는 계속 나아갈 거예요.

23

누구나 자기 일을 갖고
인간적인 환경에서 노동할 권리가 있어요.
자유롭게 직업을 선택하고,
정당한 보수를 받고,
노동조합을 만들 수 있어요.
직장을 잃었을 때는 보호받을 권리가 있어요.

24

모든 생명은 쉴 권리가 있어요.
기계나 로봇처럼
공부나 일을 쉬지 않고 할 수 없어요.
충분히 잠을 자고 휴식하고
여가를 누리는 시간이 꼭 필요해요.
학생도 직장인도 외국인도 동물도…….

어떤 일을 하건, 누구나 마찬가지예요.

25

우리는 건강하고 행복하게 살아갈 권리가 있어요.
일자리가 없어도
병에 걸렸거나 장애가 있어도
어린이라도 노인이라도
생계가 곤란한 형편이어도
누구나 인간답게 살 수 있는 음식과 옷, 집이 있어야 해요.
아프면 치료 받고,
사회 보장 제도를 누릴 권리가 있어요.

26

모든 사람은 교육 받을 권리가 있어요.
돈이 없어도 장애가 있어도 외국인이어도
학교에 다닐 권리를 가져요.
학교에서는 나와 너를 존엄하게 여기고,
서로 이해하고 나누는 법을 배워야 해요.

배우면 배울수록 남을 무시하고
차별하는 사람이 아니라,
알면 알수록 남도 나처럼
소중하게 여기는 사람이 되어야 해요.

인권에 대해 배우는 건
우리의 마땅한 권리예요.

27

누구나 자유롭게 문화를 누리고 예술을 즐길 권리가 있어요.
또 과학과 학문이 주는 혜택을 함께 누릴 권리가 있어요.

28

우리는 세계인권선언에 나온 권리와 자유가 실현되는
사회에서 살아갈 자격이 있어요.
모두가 그런 세상을 만들기 위해 애써야 해요.

29

나는 너의 존엄을 지켜 줄 의무가 있어요.
너는 나의 존엄을 지켜 줄 의무가 있어요.
다른 이들의 존엄을 해치는 권리와 자유는 제한받아요.

우리는 그렇게 모두가 존엄한 대우를
받는 사회를 만들어 갈 거예요.

30

누구도, 어떤 나라나 집단도
다른 이의 권리와 자유를 파괴할 권리는 없어요.
다른 이를 차별하거나 모욕하고
혐오할 권리란 절대로 없어요.

우리의 존엄은 우리한테서 빼앗을 수 없어요.

두 번의 세계 대전과 유대인 학살을 깊게 반성하며,
1948년 전 세계의 대표들이 모여 세계인권선언을 발표했어요.

모두가 존엄한 사회를 만들자는 약속은 꿈만 같았어요.
때론 약속에 가까워지기도, 반대쪽으로 멀어지기도 했어요.
하지만 돌이켜 보면 우리는 조금씩 나아갔어요.

권리는 저절로 오지 않았어요.
내가 누리는 지금의 권리와 자유는
용감하게 존엄을 외친 사람들에게 빚지고 있죠.

나는 모른 척하지 않을 거예요.
가만히 있지 않을 거예요.

나는 나의 존엄을 외쳐요.
그리고
한 번도 만난 적 없는 너의 존엄을 외쳐요.

우리는 누구나 존엄해요.

세계인권선언의 모든 조항을
모든 나라에서 누릴 수 있도록 함께 외쳐요.

우리는 모두 존엄해요.

세계인권선언 한글·영어 전문을 포함하여
여러 나라 언어로 살펴볼 수 있습니다.

존엄을 외쳐요
함께 만드는 세계인권선언

© 김은하, 윤예지 2022

2022년 12월 5일 1판 1쇄
2023년 6월 30일 1판 2쇄

글 김은하 **그림** 윤예지 **편집** 김태희, 장슬기, 윤설희, 최경후 **디자인** 박연미
제작 박흥기 **마케팅** 이병규, 양현범, 이장열, 김지원 **홍보** 조민희, 김솔미
인쇄 천일문화사 **제책** 책다움
펴낸이 강맑실 **펴낸곳** (주)사계절출판사 **등록** 제406-2003-034호
주소 (우)10881 경기도 파주시 회동길 252 **전화** 031)955-8588, 8558
전송 마케팅부 031)955-8595 편집부 031)955-8596
홈페이지 www.sakyejul.net **전자우편** literature@sakyejul.com

값은 뒤표지에 적혀 있습니다.
잘못 만든 책은 구입하신 서점에서 바꾸어 드립니다.

사계절출판사는 성장의 의미를 생각합니다.
사계절출판사는 독자 여러분의 의견에 늘 귀 기울이고 있습니다.
이 책은 저작권법에 따라 보호받는 저작물이므로 무단 전재와 복제를 금합니다.

ISBN 979-11-6094-982-7 73810